AF345408

EL LABORATORIO

LA EXPERIENCIA DE UN PROYECTO

ExLibric

H. J. FLEITAS

EL LABORATORIO

LA EXPERIENCIA DE UN PROYECTO

EXLIBRIC

ANTEQUERA 2021

H. J. FLEITAS

EL LABORATORIO

LA EXPERIENCIA DE UN PROYECTO

A tres personas muy especiales en mi vida:
mi madre, mi esposo y mi hijita Amanda Victoria.
Y a mi padre. Te fuiste muy pronto de este mundo,
ocho años no fueron suficientes.

Prólogo

El presente libro es una aventura de emprender un sueño que arde en el corazón de la autora. Soñar e imaginar es un atributo concedido por Dios, es plasmar las ideas y hacerlas realidad con la visión y fortaleza del águila en las alturas. Emprender no es fácil cuando hay espíritus agoreros en nuestro entorno, de los cuales hay que huir lo más pronto posible para seguir la carrera del éxito.

El éxito es un trayecto y no un destino, en el que se encuentran piedras en el camino que hay que sortear para continuar la senda del, aprendizaje, la perseverancia y la resiliencia. Todos nacemos con un potencial, somos diamantes en bruto, solo necesitamos tener la disposición de sufrir una metanoia para incrementar nuestras fortalezas y así alcanzar las metas trazadas seleccionando nuestros cómplices de proyectos.

Fundar un laboratorio de genética no es tan fácil en un país con inmensos desafíos. Sin embargo, la autora no escatimó en hacerlo; su sueño era más grande que todo obstáculo. El miedo no pudo paralizarla porque su amor hacia su proyecto rebasó toda expectativa con compromiso, responsabilidad, con un plan de acción, asesorada por expertos cimentados en la verdad, transparencia y profesionalismo.

Por otra parte, contó con la utilización de recursos como: decisiones centradas en momentos de paz, trabajo en equipo dejando fluir el potencial con educación continua, practicando la escucha activa, buscando el apoyo de su mano derecha, teniendo en mente que somos parte de la solución y no del problema, consciente de que existen riesgos, actuando con proactividad en todo momento con la filosofía de disfrutar los logros con el equipo. Por muchas razones, un emprendimiento tiene una fecha de origen y vigencia, para dar paso a nuevas ideas en un mundo que cambia vertiginosamente.

Muchos consejos hay en este libro para poner en práctica, sabiendo que emprender es un acto de valientes soñadores dispuestos a pagar un precio por ese espacio de aprendizaje.

Les invito a leer este libro de la mano de Herminia Fleitas. Más orgullosa de ti, imposible.

Ponte cómodo para disfrutar no solo con tu mente, sino con tu corazón, este manual de instrucciones de emprendimiento fáciles de entender y poner en práctica.

¡Manos a la obra!

Edith Morales - Médico internista
Máster en Gerencia de Mercadeo
Practitioner en Programación Neurolingüística

Introducción

Voy a permitirme iniciar este relato con una frase del escritor estadounidense considerado el autor de autoayuda y superación más prestigioso del mundo, Napoleón Hill: «El roble más fuerte del bosque no es el que está más protegido de la tormenta y escondido del sol. Es el que está al aire libre, donde se ve obligado a luchar por su existencia contra los vientos, las lluvias y el sol abrasador».

Cuando te enamoras de un proyecto, de una idea o de un sueño y te comprometes a darle vida, a hacerlo realidad, transitas por un arduo camino de altibajos, aciertos, desaciertos, innumerables decisiones fáciles y muy duras de tomar. Sin embargo, esa es la esencia del emprendedor, vivir todas estas experiencias.

Si alguna vez en la vida has iniciado un proyecto y ha culminado de una manera no deseada, déjame decirte que el mundo de los negocios se trata de caer, levantarse y aprender o, incluso, aceptar la pérdida así no estuviese contemplada en tus planes, aunque como diría Robert Kiyosaki en su libro *Retírate joven y rico*: «Una estrategia ganadora debe incluir perder».

Errar es parte de la naturaleza innata del ser humano para lograr un aprendizaje. Las personas menos arriesgadas, las que suelen tener poca iniciativa de cambio en su vida, las que temen salir de su zona de confort, desconocen de alguna manera lo que es perseverar en un objetivo y prefieren no intentar por muchas razones: miedo, desconfianza o prudencia. Por el contrario, las personas que están constantemente asumiendo responsabilidades, retos, innovando y redescubriendo tienen una mayor probabilidad en su vida de experimentar decepciones, pero este tipo de personas son las que normalmente logran maravillas en su vida, siempre y cuando se lo propongan, permanezcan fieles a sus metas, aprendan de sus errores y se eduquen a diario con los que han logrado sus objetivos en la vida.

La palabra *fracaso* es la que predomina en el argot popular cuando una persona no progresa en su negocio. Lo que la mayoría desconoce es que no se trata de fracaso, se trata de experiencia; siempre aprendes algo, incluso cuando tu negocio se hace exitoso, tomarás decisiones que te beneficiarán o perjudicarán, lo importante es que te decidas a emprender, sin miedo.

La educación es fundamental a la hora de emprender, bien sea a través de libros o de personas que se desempeñen como mentores; el desconocimiento te hace miedoso, inseguro. El emprendedor debe aprender de todo, saber poco de muchas cosas y mucho de algo, que es lo que precisamente va a explotar. Desarrolla tus fortalezas y tus debilidades delégalas a otro para quien ese punto sea su fuerte, y en la medida de lo posible sé reservado con tu proyecto, solo comunícalo a los potenciales inversores o personas que se comprometan a aventurarse contigo.

Entonces, si estás pensando en emprender y aún no lo has decidido, lee, indaga, pregunta a los mejores y encamínate a esta gran aventura, pero recuerda que no es sino en ese preciso momento cuando te pones manos a la obra que aprenderás realmente, porque cada experiencia es diferente, pero la esencia de factores como amor y compromiso por lo que haces es la misma para todos los casos de emprendimiento.

La conferencista, escritora y Miss Universo 1986 Bárbara Palacios, autora de varios libros inspiracionales basados en su experiencia con la fe cristiana, hizo referencia a algo muy importante: «Estamos llamados a inspirar a otros con cada reto, caída o victoria. Tu historia tiene poder si deseas ser mejor que ayer». Por ello, espero con gran anhelo y entusiasmo que este libro sea beneficioso para tu vida; te equivocarás pocas o muchas veces, pero es la única manera de corregir y perfeccionar la técnica. En este relato analizo concienzudamente el desarrollo de los laboratorios de genética que construí a fin de extraer el aprendizaje y transmitírselo a mis lectores. Les daré un recorrido desde el surgimiento de la idea, pasando por la conformación de la sociedad, diseño del laboratorio y desenlace de lo que pudo ser, según mi visión, el mayor referente en genética de ese país: el desarrollo de una empresa sólida y perdurable que pasara de generación en generación a través de la constante innovación y que trajera un beneficio inconmensurable para el mundo.

En la vida hay algo peor que el fracaso:
el no haber intentado nada.
Franklin Delano Roosevelt

PRIMERA PARTE

Todo comienza con un sueño

El futuro pertenece a quienes creen en la belleza de sus sueños.
Eleonor Roosevelt

1

Surgimiento de la idea

*Primero viene el pensamiento. Luego, la organización
de ese pensamiento en ideas y planes. A continuación,
la transformación de esos planes en realidad.
El comienzo, como puedes ver, está en tu imaginación.*
Napoleón Hill

La idea para tu proyecto puede venir de diferentes maneras, pero el motor de todo es saber lo que realmente quieres lograr con tu negocio, es decir, para qué quieres emprender, cuál es tu motivación. En mi caso fue crear una empresa que proporcionaba servicios carentes en la zona, que mejoraron la calidad de vida de los pacientes y que, además, eran muy demandados, con un potencial tan grande que me convirtió en pionera de la genética en esa región.

El reconocido especialista en el ámbito de las nuevas tecnologías Guy Kawasaki, nos habla de este punto en uno de sus libros, *El arte de empezar*: «El principal motivo para emprender un negocio es crear algo con sentido, desarrollar un producto o servicio que haga del mundo un lugar mejor. Por eso, tu primera tarea será decidir cómo puedes crear algo con sentido».

Todo comenzó en el año 2004, cuando me encontraba en un congreso de ginecología y obstetricia. A mis manos llegó un folleto que hablaba sobre el diagnóstico genético preimplantacional (técnica que permite estudiar la secuencia de ADN de embriones humanos para seleccionar los sanos o los que no son portadores de algún defecto genético). Mientras más leía sobre el tema, más me enamoraba de la técnica y así fue como decidí realizar la maestría en Genética.

En el año 2006, después de graduarme de médico y trabajar en un par de centros de salud, me embarqué en esta aventura. Muy entusiasmada y desbordante de alegría y optimismo, visité la unidad de genética donde haría la maestría. El viaje duró quince horas en autobús, ya que la ciudad estaba a unos mil kilómetros del sitio donde vivía. Al llegar a la unidad, me encantó su conformación. Ubicada en un primer piso, tenía una sala de espera, un área administrativa y de historias clínicas, la zona de consultorios para pacientes que acudían a evaluación con el genetista, un salón de conferencias y un espacio amplio donde estaban situados los laboratorios de citogenética (estudio de cromosomas); molecular y forense (estudio de genes, pruebas de paternidad y evidencia forense), y bioquímica (estudio de enfermedades metabólicas).

Mientras estudiaba la maestría, tomaba nota de todos los equipos —características, modelo, mantenimiento—, técnicas de laboratorio, estudios que puedes hacer con esos equipos, costo de las pruebas, días de entrega de los resultados…, es decir, todo en absoluto, no dejaba pasar nada por alto. Además, me relacionaba con los proveedores, adelantándoles que viviría en una ciudad con escasez de servicios de genética y que me encantaría su colaboración llegado el momento oportuno. De esta forma, fui generando contactos en mi agenda. Por supuesto, nunca faltan las personas que preguntan:

—¿Por qué anotas tanto?

Y yo les respondía con una gran sonrisa:

—¡Porque me encanta aprender!

Un día, estando en el laboratorio de citogenética aprendiendo la técnica, me dice un empleado de la unidad:

—Siempre veo que estás anotando y preguntando acerca de los equipos. ¿Piensas hacer un laboratorio en tu ciudad?
—Sí, estoy anotando las características de los reactivos y de los mejores equipos para en un futuro dirigir mi propio laboratorio.

A lo que él respondió con una sonrisa burlona:

—Todas las personas que han pasado por aquí sueñan con eso y nadie ha logrado hacer nada. Es muy difícil crear un laboratorio, los equipos son muy costosos y necesitas personal debidamente entrenado.

Yo no me desanimé, simplemente lo dejé pasar porque mi convicción era muy grande. Sé que no lo hizo con mala intención, pero a veces las personas no medimos nuestras palabras y los posibles daños que podemos hacer con ellas. Una persona sometida constantemente a ideas limitadoras crecerá con miedo a asumir responsabilidades, aunque, si te das cuenta a tiempo, puedes reprogramar tu mente posteriormente para el éxito.

Piensa en esto: todo lo que tenemos y todo de lo que gozamos actualmente es porque a alguien se le ocurrió primero en su pensamiento, primero se lo imaginó y luego lo ejecutó.

Lo dicen los grandes escritores del movimiento del Nuevo Pensamiento, como Wallace D. Wattles, Neville Goddard, Joseph Murphy, Napoleón Hill o Wayne Dyer: «La conciencia es infinitamente creativa, creamos nuestra experiencia a través de nuestros pensamientos y sentimientos. Cuando la mente moldea una idea, esta se convierte en realidad a medida que se dan las circunstancias adecuadas para su materialización».

En el libro de Wallace D. Wattles *La ciencia de hacerse rico*, publicado en 1910 y que aún permanece vigente por su capacidad para explicar cómo superar los condicionamientos o barreras mentales, sociales y de salud a través de la creación, dice lo siguiente: «La intensidad de tu deseo dependerá de la claridad con la que te imaginas lo que quieres ser».

Entonces, haz que tu mente y ese potencial que tienes en tu interior funcionen para el bien de la humanidad.

Recuerda: «¡Eres grande, eres fuerte, eres poderoso!». Por esto quiero que te lleves de este capítulo lo siguiente.

Cuando tengas una idea, un sueño:

1. Haz caso omiso a las burlas o comentarios desalentadores.
2. Sé persistente; te llamarán loco, pero persiste.
3. Cree en tu potencial y utilízalo para beneficio de otros, dale propósito a tu vida.

2

Satisface la necesidad de tu entorno

El miedo y la precaución son dos cosas diferentes.
Sé precavido, pero no tengas miedo.
Neale Donald Walsch

Me considero una apasionada de la genética. Antes de mis treinta años tenía una maestría en Genética y a los treinta y cinco años ya había creado dos laboratorios de genética en la ciudad donde vivía, los cuales ofrecían servicios a varias provincias que abarcaban un área aproximada de 85.900 km² de extensión con 3.500.000 habitantes. Toda esta área estaba carente y ávida del servicio genético, por lo cual puse mi plan en marcha. Hay muchas formas de evaluar si tus servicios son necesarios en una región determinada. Yo lo hice durante un par de años a través de encuestas informales. Mientras estaba en la maestría, recibía llamadas para preguntarme cuándo regresaría para trabajar en la consulta de genética en mi ciudad natal y si iba a ofrecer servicios de laboratorio. Estos momentos eran los que yo aprovechaba para preguntar qué tipo de servicios de laboratorio les interesaría y allí fue cuando saqué mi primera conclusión: debía construir en primer lugar el laboratorio de citogenética. Todo esto basado en preguntar mucho, pedir opiniones y luego tomar una decisión.

Relacionado a estar alerta con las oportunidades, en el libro *Las llaves del éxito*, Napoleón Hill lo especifica y da ejemplos: «La precisión de objetivos le vuelve consciente de las oportunidades relacionadas con su objetivo principal y da el valor para aprovecharlas».

Por lo tanto, es importante definir tu objetivo, precisar la necesidad de tu entorno, satisfacerla, ganarte a las personas, trabajar con ética y excelencia para que conozcan lo que haces y cómo lo haces, para luego ir innovando sobre la marcha.

Esta experiencia para mí fue fantástica, disfruté muchísimo la creación de los laboratorios porque amaba lo que hacía. Cuando amas lo que haces es un paseo, es satisfactorio, es alimento para el alma; te hace crecer, madurar. Servir a las personas es una sensación tan sublime que todo el mundo debería darse el lujo de vivirlo alguna vez en su vida.

Un punto importante en cuanto a la toma de decisión para emprender es el miedo. Muchas personas se paralizan por ello y buscan miles de excusas para no ejecutar su proyecto, pero…

¿Qué es el miedo? Es meramente el desconocimiento de cómo hacer las cosas. Por eso debes organizarte para saber por dónde empezar, y formular preguntas a partir de tus dudas es una de las formas en la que puedes organizarte, para así poder aclararlas con gente experta en el área.

Mirar, escuchar y aprender es lo esencial, no tienes que saberlo todo. Pregunta, aclara dudas y sigue tu instinto.

Por eso quiero que analices estos tres puntos:

1. Sé precavido a la hora de emprender, pero no tengas miedo.
2. Indaga acerca de la necesidad de tu entorno y compénsala.
3. 3. El amor por lo que haces es alimento para el alma

3

Visualiza y planifica

Todo el mundo visualiza, tanto si lo sabe como si no.
Visualizar lo que queremos es el secreto del éxito.
Geneviève Berhrend

En esa época, sin saber el poder que tenía la técnica de visualización, la utilicé para manifestar lo que quería. En el año 2005, cuando trabajaba en un pueblito pintoresco cuyo acceso era a través de unas montañas encumbradas con clima templado y neblina, bajaba la ventana del coche para respirar el olor a paz y serenidad, necesarios para imaginarme mi futuro proyecto. Me sumergía en mis pensamientos y era como si estuviera caminando por el laboratorio: me sentaba a ver en el microscopio, atendía a los pacientes en mi consultorio, todo esto con una inmensa sonrisa en mi rostro. Eso lo hice durante un buen tiempo, mientras me preparaba en conocimientos para cumplir con una responsabilidad tan grande.

Además de visualizar, entraba en acción a través de realización de planos, en donde establecía las posibles distribuciones de los espacios para consulta y laboratorio y la ubicación de los equipos, entre otros. Para ello, me apoyé visitando varios laboratorios de genética y hablando con expertos en el área. Además, pensé también en los posibles nombres para mi proyecto que denotaran fuerza y sentido futurista.

Yo visualicé en grande una unidad de genética que, en principio, prestaría servicios de consulta de genética, luego de laboratorio de citogenética, posteriormente de análisis de genes y unidad de enfermedades neuromusculares, entre otras muchas ideas que se me ocurrían. Todas las apuntaba para poder ver la oportunidad en el momento que se presentaran. Cuando te enfocas en lo que quieres, las oportunidades van llegando poco a poco, pero tienes que saber bien lo que quieres para poder identificar la oportunidad cuando la tengas frente a ti.

El empresario, escritor y orador motivacional Robert Kiyosaki siempre nos recuerda que «pensar en grande es el mejor plan, debemos mejorar nuestro proyecto con el tiempo y planificar por adelantado».

A principios del siglo XX, Wallace D. Wattles, autor de *La ciencia de hacerse rico*, escribió en su original y poco conocido ensayo *Cómo conseguir lo que quieres*: «Las personas fracasan porque piensan objetivamente que pueden hacer cosas, pero no saben que pueden hacerlas subconscientemente. Es más que probable que su mente subconsciente esté llena de dudas sobre su habilidad para triunfar y estas vacilaciones tienen que ser removidas o paralizarán tu poder cuando más lo necesites». Es decir, tu mente es poderosa.

Por otra parte, cada quien tiene el libre albedrío de pensar en grande o no. La idea del éxito en un negocio se define, a mi parecer, por la necesidad de hacer lo que te gusta, de sentirte bien, feliz. En el interesante libro de Sergio Fernández y Raimón Samsó *Misión emprender*, nos hablan acerca de esta idea: «Un hábito que transformará tu vida automáticamente es dedicar al menos un par de días, a primero de año, a hacer una evaluación de cómo ha sido tu año anterior en lo personal, profesional, económico, emocional, salud y en cualquier otro aspecto que consideres esencial. Escribe tus conclusiones sobre ello. Dedícate un rato. Aíslate para hacerlo. Una vez que has tomado conciencia de qué ha pasado, dedica el tiempo que sea necesario a definir qué es para ti el éxito para el próximo año. Escríbelo al margen de que sepas o no cómo vas a conseguirlo. Aprovecha cómo rediseñar tu vida mientras el resto se está recuperando de la resaca del año nuevo».

Entonces, no se trata de la definición que tengan los demás de éxito; define tu propia idea de éxito y te sentirás más feliz, más pleno.

Por consiguiente:

1. Imagina tu negocio como si ya lo tuvieras, siéntelo.
2. Elabora un plan previo según tus ideas y asesórate con expertos en el área.
3. Especifica tu propia idea de éxito.

SEGUNDA PARTE

Enamórate de tu objetivo

La única manera de hacer un gran trabajo
es amar lo que haces.
Steve Jobs

4

Construye cimientos sólidos

No hay éxito duradero sin compromiso.
Tony Robbins

Fue el 17 de julio de 2010 cuando la conocí. Ese día me invitaron a dar una conferencia a obstetras y perinatólogos acerca de la «Pesquisa de aneuploidías en el primer trimestre de embarazo». Debía hablar de todas las opciones para diagnosticar tempranamente si el bebé venía en buen estado, haciendo especial énfasis en las opciones de diagnóstico genético. Aunque el salón estaba repleto de colegas especialistas en el área de ginecología y obstetricia, eso no nubló mi enfoque, di la conferencia pausada y magistralmente, y me gané la admiración no solo del público, sino de los otros conferencistas procedentes, en su mayoría, de la capital del país.

Yo no suelo ser muy buena en cuanto a relaciones sociales se refiere, pero luego de las conferencias hubo el tan esperado brindis y compartí un rato con los organizadores del evento. En esa misma mesa, sin saberlo, estaban sentados tres de mis futuros socios, todos ginecobstetras y perinatólogos. A simple vista se ve bien, ¿verdad? Construir un proyecto de genética con socios cuyo potencial es atractivo para hacer crecer el laboratorio, ya que necesitan de la genética para diagnosticar a sus pacientes y viceversa, una simbiosis altamente efectiva. Pero… ¿qué sucedería si no existe un compromiso genuino por parte de las personas que conforman una sociedad?

Exactamente quince días después del evento, recibí una llamada. Se identificó como una doctora con especialidad en ginecología y obstetricia que asistió al curso donde di la conferencia y que estaba interesada en hablar conmigo, adelantándome que tenía una propuesta muy interesante, por lo cual concretamos una cita en un sitio tranquilo para tomar un café. En este punto es donde yo digo: «Las personas deberían venir con un tráiler para saber en qué película te estás metiendo».

En esa reunión informal, en aquella mesa indiferente a todo el apocalipsis que venía, me propuso la creación de un laboratorio de genética. Ella tenía un socio inversionista que nos podía ayudar y me propuso ir a partes iguales. Particularmente no estaba de acuerdo con una sociedad de más de tres personas, pero luego de varias reuniones en donde ella me exponía sus puntos de vista, nos involucramos cinco personas, de las cuales solo una no satisfacía en lo absoluto mi criterio, ya que era muy conocida por su avaricia, prepotencia y arrogancia, de esas personas que ni un vaso de agua te ofrecen si vas a su casa. Luego de varias reuniones logró convencerme, muy a mi pesar, de ese quinto socio. A pesar de que en este caso los indicadores eran llamativos, quiero aprovechar esta coyuntura para decirles algo: confíen en su instinto, sexto sentido, corazonada o como lo quieran llamar… Nunca falla.

En el libro *El secreto del éxito en el trabajo y en la vida*, Donald Trump nos advierte acerca de este punto: «Creo que, si eres capaz, inteligente y conoces tu oficio tienes que actuar basado en tus instintos… Todos tenemos instintos, lo importante es saber utilizarlos. Puedes tener los mejores títulos académicos, pero si no usas tus instintos, probablemente tengas dificultades para llegar a la cima y mantenerte allí».

Finalmente, nos embarcamos en esta aventura, conformamos la empresa a partes iguales, adquirimos los equipos y puse en funcionamiento el laboratorio. Pero antes de esto había un punto clave que revelaría el verdadero carácter de la sociedad: desde la primera reunión se estableció una remuneración para el director médico una vez operativo el laboratorio y que ese sería el cargo que yo ocuparía en vista de ser la única genetista y la única que conocía con detalle el funcionamiento del lugar. El director médico se encargaría de la inspección exhaustiva del laboratorio —revisión de pruebas, control de reactivos, mantenimiento de equipos, consumibles, entre otros—, además de la supervisión del área administrativa y trámites ante el ayuntamiento; estos dos últimos puntos serían delegados posteriormente a personas con más pericia en el asunto. Cuando inicias un negocio, a veces necesitas hacer todo para optimizar el dinero, pero luego debes delegar a personas que dominen las áreas que tú no dominas.

Varias reuniones transcurrieron para darle forma a lo acordado luego de poner en funcionamiento y mantener operativo el laboratorio. Opté por diversas soluciones, siendo flexible y asesorada por una administradora y una abogada para llegar al mejor acuerdo que beneficiara a todos, la fórmula mágica ganar-ganar.

Llegado este punto, me gustaría que analizaras lo siguiente. Existe una gran diferencia entre estar comprometido y estar interesado. El compromiso es un acuerdo formal, una obligación contraída entre las partes involucradas para ver resultados concretos, sin excusas, trabajando de la mano con tu equipo; el que tiene interés hará las cosas solo por su conveniencia.

Cuando existen intereses puramente personales, no se llega a un acuerdo para beneficio mutuo y terminas tan cansado haciendo todo el trabajo que debes tomar una decisión por tu bienestar. Agoté todos los recursos tanto míos como de personas cualificadas a las que solicité consejo. En ningún momento hubo intención de cumplir con lo que se había negociado desde un principio y todo terminó con la venta de mis acciones y mi asesoría externa remunerada, ya que era la única genetista de la región.

Por eso existe la imperiosa necesidad de establecer relaciones sólidas que se construyan bajo el verdadero compromiso y amor por tu proyecto.

Todo lo relatado acá está de la manera más comprimida posible, ya que existen puntos muy álgidos que no quiero esbozarlos en este libro porque desnudaría sin piedad el alma de, al menos, dos de estos personajes que eran los más nocivos. Grábalo en una piedra: «Para todo en la vida se necesita amor y compromiso». Para bajar de peso se necesita amor propio, para comprometerte a realizar dieta y ejercicios. Para llevar un matrimonio se necesita amor y comprometerte con tu pareja, para ser fiel y llevar a cabo todas las actividades cotidianas familiares que se requieran. Para estudiar un idioma nuevo, para aprender a manejar, para aprender a cocinar, entre muchos otros ejemplos. Y entonces… ¿por qué no para crear y mantener a flote tu proyecto?

Por ello, quiero que te lleves esta conclusión:

1. Confía en tu instinto.
2. Rodéate de personas que amen tu proyecto y se comprometan.
3. Construye tu negocio sobre cimientos basados en la verdad y transparencia.

5

Errar es de humanos, pero... ¡saca un aprendizaje!

El único hombre que no se equivoca
es el que nunca hace nada.
Johann Wolfgang von Goethe

En esta turbulencia de emociones mientras ocupaba el cargo de director médico del primer laboratorio, en donde me sentía irrespetada, menospreciada y poco valorada, estaban dos personas que me apoyaban ciegamente: uno sería mi futuro gerente general y la otra persona, una buena amiga abogada.

Cuando tienes un problema en tu negocio trata de finiquitarlo de inmediato, soluciónalo rápidamente, no lo dejes para después, porque puede resultar en una pequeña bola de nieve que mientras va rodando, con el tiempo, se hace inmensa y te puede llevar a la perdición. Soy una persona a la que le gusta hacer una cosa a la vez y era natural, en medio de la indiferencia de los socios, sentirse abrumada por tantas responsabilidades de diferente índole: administrativa, gerencial y médica.

Yo quería continuar con la docencia en la universidad, las consultas en el hospital y en el laboratorio, además de actividades que me han encantado desde mi adolescencia y me relajan muchísimo, como cantar en coros. Todo esto fue mermando poco a poco, ya que no se llegaba a un acuerdo con la sociedad, estaba disminuyendo mi calidad de vida personal y profesional.

Mi amiga notó que estaba sumergida en un mar de ansiedad y depresión, y me sugirió acudir a un psiquiatra. ¡Qué bendición! Una de las mejores personas que he conocido en mi vida fue ese doctor. Me dejó hablar por dos largas horas y yo pensé que había hablado solo media hora. Fue una experiencia liberadora y él me hizo entender, sin muchas palabras, que todos somos personas valiosas en este mundo y que debemos estimarnos para que los demás nos respeten; la gente no va a abusar de ti si tú no se lo permites. Y en este instante fue cuando tomé mi decisión radical, sin miedo, con valentía.

La disposición de cambiar está en tus manos. Quiero citar un libro realmente fascinante: *Cómo ganar amigos e influir sobre las personas*, de Dale Carnegie. «¿Conoce usted a alguien a quien desearía modificar, regular y mejorar? ¡Bien! Espléndido. Yo estoy en su favor. Pero ¿por qué no empezar por usted mismo? Desde un punto de vista puramente egoísta, eso es mucho más provechoso que tratar de mejorar a los demás. Sí, y mucho menos peligroso».

En la siguiente reunión planteé la venta de mis acciones a la sociedad. Sabía que no sería fácil, pero tras mucho analizar y evidenciando la rigidez en la toma de decisiones de los socios, estaba decidida a dejar eso atrás. Al día siguiente, estaba la propuesta de la venta en cada uno de sus escritorios. Pasado el tiempo prudencial tenía ese dinero en mis manos. Recuerdo perfectamente las palabras de mi antigua socia: «Jamás podrás con este dinero hacer otro laboratorio de genética. Tomaste la peor decisión, sola no podrás». Solo una parte de esta oración tenía razón, en el resto se equivocó.

Pese al carácter pesimista de su título, Fernando Trías de Bes nos aconseja en *El libro negro del emprendedor* lo siguiente: «Al emprender, los resultados que se obtienen nunca coinciden, para bien o para mal, con las expectativas. Eso siempre genera problemas. El camino del emprendedor está lleno de imprevistos y errores. Esto puede obligarle en ocasiones a redefinir radicalmente el negocio, con todo lo que ello conlleva».

Entonces me gustaría que internalizaras estas tres verdades:

1. Toma decisiones a tiempo, no dejes rodar la «bola de nieve».
2. Valórate para que los demás te respeten.
3. Toma consejos de las personas que te quieren.

6

Tu potencial en las manos correctas

El potencial es un tesoro invaluable, como el oro.
Todos tenemos oro escondido dentro,
pero tenemos que cavar para sacarlo.
Joyce Meyer

Todos nacimos con un potencial, un don. Nuestro deber es encontrarlo y sacarle provecho, el mundo tarde o temprano te lo agradecerá. El talento de cada individuo, su visión, su capacidad para soñar en grande, su imaginación y, por supuesto, una gran determinación son el cóctel perfecto para lograr tus objetivos. Pero no nos olvidemos de algo importante: ¡el compromiso! Sumar fuerzas y hacer que converjan en un solo objetivo es necesario para alcanzar la cima, y esto se logra con el compromiso del trabajo en equipo. Es la mejor manera de convertir tu potencial en éxito. Para ello, debes rodearte del equipo ganador.

En el libro *Los 7 hábitos de la gente altamente efectiva*, Stephen R. Covey nos habla de: «El principio de la afirmación de los demás: tratar a los demás como a personas proactivas y con gran potencial».

Tu potencial se puede desperdiciar si permanece escondido, si no lo dejas florecer o si te rodeas de gente que no te apoye, que no tenga confianza en ti o en tu proyecto. No llegarás muy lejos si te rodeas de personas interesadas solo en su beneficio y reacias a comprometerse. Los negocios tienen mucho que ver con la construcción de lazos fuertes con personas que, de manera directa o indirecta, estén involucradas con el proyecto. Un relato que seguramente habrás leído en muchos libros acerca de la madre de Thomas Alva Edison, en el que ella cambió las palabras de una carta enviada por su maestro que decía que su hijo no tenía potencial, ella leyó lo siguiente: «Su hijo es un genio. Esta escuela es muy pequeña para él y no tenemos buenos maestros para enseñarle. Por favor, ocúpese usted de su educación». Estas palabras bastaron para que el genio de la bombilla tuviera la seguridad y confianza suficientes para desarrollar todo su potencial.

En la adaptación cinematográfica de la novela autobiográfica *La música del silencio*, escrita por Andrea Bocelli en el año 1999, vemos cómo un joven con gran talento, un diamante en bruto, es incapaz de gestionar su potencial. Tras siempre conservar la fe pese al rechazo de varios productores y críticos musicales, logra convertirse en lo que es hoy, uno de los cantantes líricos más prolíficos y populares. De la mano del maestro y gran tenor italiano Franco Corelli, logró la victoria tan merecida y anhelada. Una historia de superación, rechazo y éxito que, indudablemente, no debes perderte.

Tu talento, tanto si lo descubres o lo descubren, ¡explótalo! Una vez que sepas cuál es tu propósito, tu misión, debes trabajar para alcanzar la meta que te propongas y para ello debes comprometerte a que eso sea así.

Al comprometerte con un objetivo te preparas, estudias, lees, porque te has convencido, has internalizado que te mereces ser feliz y ser exitoso, te mereces lograr tus metas y tus objetivos de vida.

Por ello, he clasificado a la gente en dos grupos: las personas que te enriquecen, las entusiastas, trabajadoras, las que aportan a tu negocio, y las que siempre se están quejando, las que ven un problema en cada solución, las desesperanzadoras. Trata de alejarte de estas y quédate con las primeras.

Hay un equipo que yo admiro mucho, son dos personas que conozco muy bien y son socios desde hace muchísimos años. Han fracasado en muchas empresas, pero finalmente lograron el éxito tan ansiado con su más reciente proyecto. Son hermanos, cada uno ha descubierto sus talentos y los han utilizado para beneficio de la empresa. Uno de ellos se dedica a las relaciones comerciales porque tiene el don del habla y de negociación; el otro se dedica al trabajo de campo porque sabe de organización y de trabajo bajo presión. Ambos se han acoplado a la perfección y, después de tantos años de sociedades resquebrajadas, han dado con un equipo de trabajo fabuloso. De esto se deriva una ecuación importante para lograr el éxito:

Amor + Compromiso + Talento bien orientado + Trabajo en equipo.

Cuando analizas el éxito de otras personas en sus negocios, te das cuenta de que siempre hay alguien a su lado, llámese socio, mano derecha, una persona que es leal, fiel. La historia nos ha demostrado que, si bien es cierto que hay personas que han logrado el éxito empezando solas, en la mayoría de las situaciones tú no puedes solo, siempre necesitas de alguien en quien apoyarte, alguien con quien intercambiar ideas, alguien que confíe en ti y en quien confiar.

Cierto día me topé con un bellísimo poema de Nerlyn Domínguez acerca del potencial y quise compartirlo con ustedes:

Quiero vivir dándolo todo,
ensanchando mis recursos,
usando las oportunidades,
aceptando los retos,
creyendo que puedo,
caminando sin miedo,
mirando al futuro,
determinada en lo que quiero.
Quiero vivir de lleno,
entregándolo todo,
gastarme en el camino,
quedarme con nada
para irme tranquila,
con llenura en el alma
y el corazón satisfecho
cuando llegue el momento
de dejar mi morada.

Tu potencial en las manos adecuadas logra grandes cosas, pero si estás en manos incorrectas te puede llevar a la ruina. Y si tú no lo explotas o nadie lo hace por ti, no podrás disfrutar del placer que da el aportar tu don a la humanidad. ¿Cuántos Edison o Bocelli habrá en cualquier parte del mundo sin ser descubiertos, sin confiar en ellos mismos o simplemente mal orientados por su entorno?

La clave es estar en compañía de personas que te animen a seguir, que confíen en ti, que te apoyen y se comprometan. Como dijo Abraham Lincoln: «El compromiso es lo que convierte una promesa en realidad».

De este capítulo, tres verdades infalibles:

1. Todos tenemos algo que podemos hacer bien: ¡descúbrelo y aprovéchalo!
2. Tu potencial funciona cuando estás bien orientado.
3. Trabaja con un equipo leal y comprometido.

TERCERA PARTE

Persistir, resistir o tomar una decisión

Lo que cuenta no es la fuerza del cuerpo,
sino la fuerza del espíritu.
J. R. R. Tolkien

7

Apóyate en tu mano derecha

Nuestra mayor debilidad radica en darse por vencido.
La forma de tener éxito es intentándolo una vez más.
Thomas Alva Edison

Lo que me convenció de este personaje que luego se convertiría en mi mano derecha fue su destacable desempeño laboral, tenía don de gente y del habla, era tan amable con los pacientes que lo adoraban. De esto y de nuestra incansable labor se derivó que la agenda siempre estuviera llena, en ocasiones estábamos saturados de trabajo, pero muy satisfechos porque la gente confiaba en nosotros, confiaba en nuestra asesoría. Todo esto sucedió tras fundarse el nuevo laboratorio de genética.

Empezamos tres personas: la citogenetista, mi mano derecha y yo, a lo que yo llamé el equipo perfecto, *the dream team*. Éramos tres personas realmente motivadas, nos gustaba lo que hacíamos y cómo lo hacíamos. Con orden, dedicación, puntualidad, ética y distinción, atendíamos a los pacientes con la finalidad de que estuvieran satisfechos en su totalidad.

En el libro *100 formas de motivar a los demás*, de Steve Chandler y Scott Richardson, se habla acerca de contratar gente motivada: «El mejor modo de lograr un equipo motivado es contar con gente motivada desde un principio».

De padre húngaro, inmigrante de la II Guerra Mundial, y de madre argentina, nuestra mano derecha era una persona brillante y, debido a su altísima capacidad para el aprendizaje, el diseño de este segundo proyecto fue totalmente distinto. Además de que yo ya tenía una experiencia inigualable, él tenía una capacidad innata para negociar con los mejores proveedores y de esto resultó que adquiriera los mejores equipos y reactivos. El ambiente laboral era estupendo, profesional, sabíamos trabajar bajo presión.

Ser la mano derecha implica una gran responsabilidad, disponibilidad y capacidad para influir en decisiones a nivel organizacional. Y esas precisamente eran las potestades que él tenía y que cumplía a cabalidad. Pero cuando el elegido comienza a dormirse o a sentirse confiado, inevitablemente su posición empezará a tambalearse, y es allí donde debemos estar atentos. Por ello, intenta rodearte solo de personas que te motiven a ser mejor, que no te abandonen a la primera señal de malos momentos, y que sigan ahí cuando pasen tus peores tormentas.

Una referencia a este apartado la podemos encontrar en el libro *El arte de empezar*, de Guy Kawasaky: «Encuentra a tu alma gemela. A la historia le gusta la idea del innovador solitario: Thomas Edison (bombilla), Steve Jobs (Macintosh), Henry Ford (Modelo T), Anita Roddick (The Body Shop), Richard Branson (Virgin). Pero la historia se equivoca. Las empresas con éxito suelen crearlas al menos dos almas gemelas, a veces más. Más adelante, puede ocurrir que una de estas personas obtenga reconocimiento como "el innovador"; pero hace falta un buen equipo para conseguir que un proyecto nuevo funcione».

La citogenetista era una persona asombrosa, una empleada dedicada, ordenada y con muchos años de experiencia. Su ambiente de trabajo era pulcro, una virtud que no muchos la tienen, pero que es necesaria para lograr la excelencia laboral. Una de las cosas que me satisfizo enormemente fue cuando una tarde me agradeció porque su nivel de vida, a pesar de que estaba lejos de su familia, había mejorado muchísimo y que podía complacer más a menudo a su hija. Ver la sonrisa y tranquilidad de tus hijos no tiene precio. Ella realmente se lo merecía, se lo había ganado por ser una espléndida empleada.

Precisamente ella fue la que apodó muy cariñosamente a nuestra mano derecha la Mafia Húngara por su habilidad para conseguir, en un país donde es difícil encontrar artículos de primera necesidad, los reactivos necesarios para mantener en pie el laboratorio. El país atravesaba tiempos muy duros, pero íbamos solucionando cada obstáculo para continuar ofreciendo un servicio de calidad.

A pesar de que la situación política y socioeconómica del país era delicada, todo estaba fluyendo, aunque con mucho esfuerzo. Logramos establecer alianzas con otros laboratorios a nivel nacional e internacional para el envío de muestras que no pudiéramos procesar, nos promovíamos a través de distintos medios para transmitir la información de nuestros servicios: visitas personalizadas a los colegas, correos electrónicos, redes sociales, organización de conferencias, charlas a colegas y público en general. Ya que era un terreno inexplorado, el objetivo era transmitir la importancia de la genética en sus vidas, aclarar dudas y erradicar los miedos. Con tantas ideas que se generaban y que posteriormente se ejecutaban, llegó un momento en que los proveedores me solicitaban que su producto fuera ofrecido en el laboratorio, era la *belle époque*.

Encontrar a esa persona de confianza no es fácil, ya que se trata de algo parecido a un socio. Debe coincidir con tu visión del proyecto, con los mismos valores y cultura de la empresa, que tenga liderazgo para que se encargue de las situaciones en las que tú no estás capacitado. Mi mano derecha tenía estas características, además de contar con una actitud positiva y apasionada por lo que hacía. Era empático y comunicativo, lo cual generaba confianza en los empleados, proveedores y demás personal con el que permanecíamos en contacto. Le confiaba plenamente los asuntos de la empresa y lográbamos ordenar las ideas para generar un plan de acción. Una de las características que más me gustaba era que me retaba, no era complaciente, si no tenía la razón no me la daba, lo cual nos hacía analizar las diferentes opciones para solucionar los problemas con eficiencia y eficacia. Sin embargo, había algo con lo cual él no estaba satisfecho, y eso lo llevó a tomar una decisión.

En conclusión, de este capítulo podría hacer referencia a tres cosas:

1. Tu mano derecha debe ser de tu confianza y querer lo mejor para ti y para tu proyecto.
2. Da lo mejor a tus empleados para que se sientan a gusto en su lugar de trabajo.
3. Selecciona muy bien a tus empleados y amistades. Observa sus virtudes.

8

Aprende a solucionar
y a dejar ir si es necesario

Si estás atravesando el infierno, sigue caminando.
Winston Churchill

Cuando estás enfocado en mantener el éxito de tu empresa, haces cosas increíbles y a veces tu visión se puede nublar tanto que no te das cuenta de lo que está sucediendo a tu alrededor. Había mencionado que el país estaba atravesando una crisis sin precedentes. Eso se traduce en que los servicios de electricidad y agua estaban fallando constantemente, era muy ardua la tarea para conseguir los artículos de primera necesidad y la inflación iba cada día más en aumento.

Estos indicadores estaban desde hace muchos años, pero yo estaba tan decidida a ejecutar mi proyecto que no les presté atención. Infinidades de empresas fueron expropiadas y muchos laboratorios conocidos habían cerrado sus puertas por falta de personal, la mayoría por inmigración o la creciente dificultad para adquirir los reactivos por sus costos exageradamente elevados debido a la hiperinflación. Las alianzas se fueron desmoronando poco a poco por las mismas razones, la mayoría cerraron sus empresas o los costos de las pruebas se cobraban en una moneda que no era la oficial del país.

Dadas estas circunstancias, nos reinventamos muchas veces. Establecimos nuevas alianzas, fortalecimos el laboratorio para garantizar los servicios de electricidad y agua permanentemente, y exploramos todas las posibilidades para mantener la marca que nos caracterizaba, la excelencia de nuestros servicios.

Como si fuera poco, la tragedia familiar tocó a la puerta de mi fiel y estimada empleada, por lo cual se vio obligada a volver a su ciudad natal, no tuvo otra opción, previo entrenamiento a un empleado que tenía todas las cualidades para este trabajo. Mi mano derecha no se quedó atrás. Un buen día, me manifestó que estaba decidido a irse del país, pero que seguiría asesorando desde fuera. Lo intentamos, pero la idea no funcionó.

Mi nuevo empleado sí que tenía talento. Un joven con muchas ganas de salir adelante, de buen aprendizaje y de trato amable, aprendió la técnica rápidamente. Un buen día, revisando las finanzas del laboratorio noté que algo no cuadraba. Yo soy un halcón en cuanto a vigilancia del progreso de mi negocio se refiere. Puse en marcha una serie de averiguaciones y confirmé lo que no hubiese querido nunca confirmar. Mi nuevo empleado no estaba siendo totalmente honesto en su puesto de trabajo y decidí prescindir de sus servicios. Fue lamentable ver tanto talento desperdiciado. Todo el mundo merece una segunda oportunidad, pero con aquellas personas que han robado o cometido fraude, la confianza ya no sería la misma si se la dieras.

Desde hace un buen tiempo, mi pensamiento estaba redirigiéndose hacia otros horizontes. Realicé varias entrevistas, pero ninguna satisfizo los requerimientos necesarios para abordar tan importante trabajo en el laboratorio de genética. Cuando te encuentres en situaciones delicadas, piensa, medita, razona, coloca en una balanza lo positivo y lo negativo, respira hondo y recuerda: ¡no te desesperes! Si estás atravesando un momento incómodo, sigue caminando; lo malo es el momento, no tú. Todo pasa, el mundo es increíblemente dinámico, está siempre en constante movimiento; hoy puede que estés bien, pero mañana no y eso no implica que tengas que rendirte. Puedes aprender a descansar, a tomarte un tiempo, y eso fue precisamente lo que hice.

El psiquiatra y escritor chileno Claudio Naranjo nos dejó una frase reveladora: «Descubre quién eres, pero no te aferres a ninguna definición. Muta las veces que sea necesario para vivir en la totalidad de tu ser».

En el muy recomendado libro de Donald Trump *El secreto en el trabajo y en la vida* dice lo siguiente: «Todos tenemos épocas buenas y épocas malas. Todos hacemos negocios buenos y malos. Tenemos que aceptarlo. Hasta los mejores negociantes que han hecho cientos de negocios han realizado algunos malos. Algunos negocios simplemente no funcionan independientemente de lo que hagas. En lugar de deprimirme, practico una fórmula que denomino la "fórmula del conocimiento". Cuando la utilizo, no solo aprendo de las épocas buenas, sino también de las malas. Siempre encontraremos obstáculos, de hecho, es bueno que existan. Si los consideras como desafíos y no como obstáculos, descubrirás que tienes la capacidad para superarlos, pero sé consciente de tus limitaciones».

Decidí trabajar en un objetivo que había pospuesto desde hace mucho tiempo, me dediqué en cuerpo y alma para lograrlo y después de dos años lo conseguí. Me he dado cuenta de que al ser más consciente de mis pensamientos puedo manejar mejor las circunstancias en mi vida. Por ello, cuando tengas objetivos en tu vida, escríbelos, trabaja sobre eso con amor y compromiso, y verás cómo se cumplen de un momento a otro.

Tres recomendaciones:

1. Reinvéntate en tu negocio las veces que sea necesario.
2. Aplica la «fórmula del conocimiento» de Donald Trump.
3. Redefine tu vida las veces que sea necesario.

9

El aprendizaje final. ¡Vuela alto!

Cuéntame y olvido.
Enséñame y recuerdo.
Involúcrame y aprendo.
Benjamin Franklin

Puedes leer muchos libros de emprendimiento, puedes asistir a conferencias de muchos autores exitosos, puedes hacer un sinfín de cosas, pero mientras no te aventures a emprender no aprenderás. Cada quien tiene su historia de fracaso o de éxito, cada quien logra sus metas de diferentes maneras, en fin, cada historia es diferente.

En palabras de Napoleón Hill: «No esperes, el momento nunca será adecuado. Empieza donde estás ahora, trabaja con lo que tengas a tu disposición y encontrarás mejores herramientas a medida que avances».

Yo siempre he dicho: «Más hace el que quiere que el que puede». Entonces de esto se deriva que primero tú necesitas querer. Si tú realmente quieres algo, vas por ello.

Una obra que no puedes dejar de leer es la de Seth Godin titulada *¡Hazlo!* He aquí un fragmento inspirador: «Lo importante es empezar: empezar un proyecto, tomar la iniciativa, arriesgarse. No solo: "Le estoy empezando a dar vuelta", o "Quedaremos para hablar del tema", o incluso "He solicitado la patente...". No, lo importante es empezar. Superar el punto de no retorno. Lanzarse. Comprometerse. Hacerlo realidad».

He aquí nueve puntos a considerar para la consecución de tu proyecto:

1. Una persona no puede comprometerse con lo que no ama. Entonces procura rodearte de gente que ame tu proyecto y que quiera lo mejor para ti y para tu negocio.
2. Toma tiempo para descansar. Así te guste mucho lo que haces, el cerebro debe descansar para poder pensar e innovar. El Dr. Néstor Braidot, experto en *neuromarketing,* autor de más de treinta y cinco libros y pionero en la investigación de neurociencias aplicadas nos explica esta premisa: «Una persona estresada no va a tomar una decisión creativa, rica, con verdadera consideración de todos los factores».
3. Aprende a olvidar. No adoptes una actitud victimista pensando cómo hubiesen sido las cosas o deseando que no hubiera sucedido nada malo. Para estos casos, un gran aliciente es la práctica del Ho'oponopono. Este es un arte hawaiano muy antiguo de resolución de problemas basado en la reconciliación y el perdón. «Lo siento, perdóname, gracias, te amo» son las frases más conocidas de esta técnica y sirven para mejorar conflictos contigo y con otros, y para borrar la memoria que nos llevó a esa situación. Perdónate a ti mismo por las decisiones tomadas y perdona a los demás, aprende de cada persona que pasó por tu vida y deja fluir. El gran escritor superventas,

filántropo y protagonista de la película *El Secreto* Dr. Joe Vitale ha escrito varios libros acerca de esta práctica. *En el cero* y *Cero límites* son dos de los libros recomendados para entender un poco más esta técnica milenaria.

4. Debes evitar a aquellos que intentan infundir en ti miedo al fracaso. Todos vamos a fracasar muchas veces en la vida, por eso debes mantener a tu lado a las personas que te ayudarán a superar esos momentos.

5. No culpes a personas ni circunstancias, tú decides tu propio destino, si no estás bien con una persona o con un lugar, cámbialo. Se trata no solo de estar preparados para entender lo que sucede a tu alrededor para decidir con coherencia, sino también de lograr que te respeten, porque si no se aprovecharán de ti.

6. Mantén una actitud positiva. Debes permitirte solo pensamientos que te hagan sentir bien. Nunca te acuestes con malos pensamientos, cambia de sintonía como se cambia la emisora de una radio. Si estás teniendo malos pensamientos, sé consciente de ellos y cámbialos por pensamientos agradables.

7. Dice un antiguo proverbio: «Lo que no te mata, te fortalece». Acepta los errores como parte de tu aprendizaje y siempre ten presente que todo va a salir bien, que puedes superarlo. Considéralo como un peldaño más para llegar a la cima, que cada vez estás más cerca del éxito. El que persevera, vence.

8. Tienes que saber lo que puedes hacer. Haz una lista de todas tus virtudes y talentos, y empieza a explotarlos. Eres un diamante en bruto, todos tenemos algo que podemos

hacer bien, autoanalízate, medita, concéntrate y saca ese talento escondido que llevas dentro. Ya es hora de que el mundo sepa lo valioso que eres.

9. Aprende a desarrollar olfato para la gente. Siempre existirán personas que pueden ocasionarte problemas, como empleados envidiosos y deshonestos, socios excesivamente codiciosos. Una de las cosas que aprendí fue a confiar plenamente en Dios. Cuando tengo un problema, me concentro en esa fuerza poderosa para que ponga delante de mí a gente idónea y confiable para salir de esa situación. Hasta ahora me ha funcionado a la perfección.

En el ocaso de este relato, quiero compartir una anécdota que data del año 1956 y que nos muestra el significado tan grande que tiene una de las frases más populares del empresario estadounidense, autor y orador motivacional Jim Rohn: «Eres el promedio de las cinco personas que te rodean».

Esta historia aconteció en un pueblito de bosques de cuentos de hadas, inmensos bucares, ambiente natural donde puedes llenar de oxígeno puro tus pulmones, condiciones climáticas perfectas para el cultivo no solo de hortalizas y frutas, sino también de flores silvestres, rosas y orquídeas. No por nada se ganó el título de «Jardín de Oriente», por su ubicación en el oriente de Venezuela. El artículo, que se titula «El canto del millón y el arbolito de Navidad en Caripe», fue escrito por Jorge Martínez y publicado en Olor a Campo de la página web http://caripevirtual.com. He aquí un fragmento.

«En Caripe nació una sana y amigable competencia entre emprendedores inmigrantes o descendientes de inmigrantes europeos,

otros del medio oriente y otras regiones del país, poniéndose como meta el 24 de diciembre de cada año, para cantar o anunciar entre sus correligionarios, trabajadores o amigos más cercanos que habían acumulado la suma de un millón de bolívares, libre de todo y sin ninguna deuda por pagar, lo que fue bautizado como "el canto del millón". El primer canto del millón en Caripe lo hizo el inmigrante italiano Gabriel Tepedino, el 24 de diciembre de 1956 en una de sus haciendas de café, Hacienda La Cima, que queda antes de llegar a la Cueva del Guácharo. Ese día, después del pago a todos sus obreros o braseros cogedores de café, les dio una bonificación de dinero en efectivo y dijo: "Gracias a Dios y a ustedes, con el esfuerzo de mi trabajo, he alcanzado a tener mi primer millón de bolívares". Todos gritaron emocionados, aplaudieron con alegría y regocijo aquel pronunciamiento. Luis Blanca, capataz y encargado de la Hacienda La Cima, un catire jocoso, buen tocador de cuatro y parrandero dijo con mucha emoción y respeto: "Don Gabriel, eso merece cantarle unos aguinaldos". Inmediatamente sacaron un cuatro, maracas, tambora, una garrafa de ron con ponsigué y comenzaron a improvisar aguinaldos dedicados al primer millonario de Caripe».

El relato continúa con don Gabriel Tepedino muy emocionado por ese gesto tan espontáneo, ofrece comida y bebida a todos los allí presentes, amaneciendo de esa forma el 25 de diciembre todos los trabajadores de la Hacienda La Cima. Esto se convirtió en una tradición. Al año siguiente, fue Pedro Cesín, descendiente de árabes, luego don Pascual Cirigliano, Gabriel Gómez y Emilio Cesín. Este último tuvo especial connotación, porque por primera vez se exhibió un arbolito de Navidad muy llamativo, con luces multicolores y adornos navideños importado de Estados Unidos.

En ese ambiente, celebrando la cena navideña en familia, con sus amigos y allegados, dijo desde su balcón agradeciendo a Dios: «Yo también soy millonario, brindemos por eso esta noche». Y así transcurrieron esos años, alguien anunciaba su primer millón y era celebrado por todo el pueblo con gran regocijo, comida y bebida en abundancia, y mucha música y ambiente navideño.

Gabrielle Tepedino Bianco, como figura en su partida de nacimiento original italiana, era mi bisabuelo materno. Trabajador incansable y amante de su familia, siempre supo que para alcanzar «la cima» necesitaba de mucho amor y compromiso. Cuando sientes amor por lo que haces, te comprometes, te organizas, adquieres disciplina, perseveras, te esfuerzas y te dedicas en cuerpo y alma para llegar al éxito. No olvides pensar en grande, vuela alto como las águilas, corta esa rama en las que estás parado y que no te deja ver que tienes alas para construir una vida espléndida.

Recuerda siempre las palabras del Dr. Joe Vitale:

«Tú eres la obra maestra de tu vida; tú eres el Miguel Ángel de tu propia vida. El David que estás esculpiendo eres tú».

Gracias por leer este libro.

Sobre la autora

Herminia Fleitas, licenciada en Medicina con maestría en Genética Médica. Pionera en el área de la genética en el estado Anzoátegui, Venezuela. Como genetista formó parte del equipo de médicos que labora en el Hospital Universitario Dr. Luis Razetti en Barcelona, Venezuela. Exprofesora universitaria y fundadora de dos laboratorios de genética. Conferencista en congresos y jornadas médicas. Asesora en casos clínicos y tutora de tesis de grado. Su tesis de maestría se basó en estudiar la variabilidad genética a través de marcadores de HLA para establecer concordancia entre donante-receptor de órganos para evitar el rechazo del tejido trasplantado o para minimizar el uso de drogas inmunosupresoras. Actualmente trabaja como Asesor Genético Senior en la empresa de biotecnología Veritas Intercontinental en Madrid, España.

Índice